全国技工院校市场营销专业（中级技能层级）
全国中等职业学校市场营销专业

MARKETING

现代企业管理基础知识（第四版）习题册

袁法军　主编

中国劳动社会保障出版社

简介

本习题册与全国技工院校市场营销专业（中级技能层级）、全国中等职业学校市场营销专业教材《现代企业管理基础知识（第四版）》配套使用。习题册根据教材内容编写，既注重基础知识的巩固，又强调基本能力的培养。题型包括填空题、单项选择题、多项选择题、简答题、判断题、案例分析题和实训题等。

本教材由袁法军任主编，沈洁、缪茜惠参加编写。

图书在版编目（CIP）数据

现代企业管理基础知识（第四版）习题册 / 袁法军主编. -- 北京：中国劳动社会保障出版社，2019

全国技工院校市场营销专业. 中级技能层级　全国中等职业学校市场营销专业

ISBN 978-7-5167-4033-0

Ⅰ. ①现…　Ⅱ. ①袁…　Ⅲ. ①企业管理 – 中等专业学校 – 习题集　Ⅳ. ①F270-44

中国版本图书馆 CIP 数据核字（2019）第 098459 号

中国劳动社会保障出版社出版发行

（北京市惠新东街 1 号　邮政编码：100029）

*

三河市潮河印业有限公司印刷装订　新华书店经销

787 毫米 ×1092 毫米　16 开本　4.75 印张　71 千字

2019 年 6 月第 1 版　2024 年 12 月第 7 次印刷

定价：8.00 元

营销中心电话：400-606-6496

出版社网址：http://www.class.com.cn

http://jg.class.com.cn

目录

第一章　现代企业管理概述

第一节　企业和企业管理

一、填空题

1. 现代企业管理是指为达到企业最大效益，对具有______________、采用______________和从事______________的企业进行的现代化管理。

2. 企业一般是指以__________为目的，运用各种____________，向市场提供____________，实行自主经营、自负盈亏、独立核算的法人或其他社会经济组织。

3. 从动态的角度看，企业是一个人或一个组织，以________为目的进行的商品生产和交换活动。这些交换活动形成了两股流，一是__________，二是__________。

4. 随着生产力的发展、社会的进步，企业形式不断发展完善。企业的演进主要经历了______________、____________、____________等几个阶段。

5. 一般而言，企业有五种特征：__________、__________、__________、__________、__________。

6. 企业法定分类的基本形态主要是_________、_________和_________。

7. 企业管理是_________________的客观要求和必然产物，一切规模较大的共同劳动，都或多或少地需要__________，以协调个人的活动，以保证整个劳动过程按人们____________正常进行。

8. 企业管理的发展阶段是指企业在发展过程中的管理方法和手段的演变过程，通常由____________、____________、____________三个阶段构成。

9. 企业管理的职能，包括________、组织、________、协调、________等内容。企业只有具备这些基本功能，才能实行有效的管理，达到生产经营的最终目的。

10. 企业是以营利为目的的经济组织，在现行法律允许的条件下，完全享有商品________、________、________的各种决策权和实施权。

二、单项选择题

1. 企业从市场购买商品（设备、原料等）并向市场销售商品（产品、服务等），形成的是（　　）。

A. 商品活动流　　B. 信息活动流

C. 资金活动流　　D. 生产活动流

2. 企业支付的原材料费用、修理费用、租金以及企业销售收入、回款等构成了企业的（　　）。

A. 商品活动流　　B. 资金活动流

C. 流通过程　　D. 活动资金

3. 一个企业只有合理地组织和（　　）生产要素，才能实现企业价值最大化。

A. 维护　　B. 经营

C. 增加　　D. 减少

4. 作出决断，发布命令、指示，分派任务的职能是（　　）。

A. 计划　　B. 组织

C. 指挥　　D. 协调

5. 通过各个方面有效的沟通，使企业各部门活动、各方面工作协调统一，做到步调一致、整体平衡的职能是（　　）。

A. 组织　　B. 指挥

C. 协调　　D. 控制

6. 企业并不是从来就有的，企业是生产力发展到一定水平的产物，是（　　）的产物，并随着它的发展而发展。

A. 商品生产　　B. 劳动力集中

C. 资源配置　　D. 技术进步

7. 18 世纪，西方各国相继开展了工业革命。（　　）的建立，标志着企业的真正诞生。

A. 工场手工业　　B. 资本主义

C. 工厂制　　D. 雇佣工人制度

8.（　　）即个人出资经营、归个人所有和控制、由个人承担经营风险和享有全部经营收益的企业，是最古老、最简单的一种企业组织形式。

A. 合伙企业　　B. 有限责任公司

C. 股份有限公司　　D. 独资企业

9.（　　）是企业在某种生产技术条件下，为了更加合理地利用生产资料、降低消耗、提高劳动效率而制定的各种耗用或占用标准。

A. 标准化　　B. 定额

C. 计量　　D. 信息工作

10. 按企业所有制形式，企业可以分为国有企业、集体企业、私营企业和（　　）。

A. 个体企业　　B. 合作制企业

C. 连锁企业　　D. 混合所有制企业

三、多项选择题

1. 一个经营成功的企业，可以连续多年通过有效的经营循环，不间断地进行（　　）活动。

A. 采购　　B. 计划

C. 生产　　D. 销售

2. 企业是（　　）的经济组织。

A. 以营利为目的　　B. 自主经营

C. 自负盈亏　　D. 自主销售

3. 经济组织要成为法人，需要具备的条件有（　　）。

A. 依法成立

B. 拥有独立支配的财产

C. 自主经营

D. 以自己的名义进行生产经营活动并承担相应的法律责任

4. 企业管理的发展大体经历了（　　）等阶段。

A. 18 世纪末—20 世纪初的传统管理阶段

B. 20 世纪初—20 世纪 40 年代的科学管理阶段

C. 20 世纪 50 年代以后的现代管理阶段

D. 20 世纪出现的新管理阶段

5. 信息工作是指对企业生产经营活动所需资料数据的（　　）等管理工作。

A. 收集　　B. 整理

C. 传递　　D. 储存

四、简答题

1. 简述企业的基本特征。

2. 简述企业管理的职能。

3. 简述 20 世纪 50 年代以后企业管理的特征。

4. 简述企业管理基础工作的主要内容。

5. 根据企业的行业性质，列举你所在地区的相关企业。

（1）工业生产企业

1）

2）

3）

（2）商品经营企业

1）

2）

3）

（3）餐饮服务企业

1）

2）

3）

（4）金融服务企业

1）

2）

3）

五、判断题

1. 企业是自主经营、协作核算、依法设立的一种非营利性的经济组织。 （ ）

2. 企业盈亏必须自负表明，当企业取得赢利时，可以完全享有赢利的支配权。 （ ）

3. 1771 年，英国的阿克莱特在克隆福特创立第一家棉纱工厂是在工场手工业时期。 （ ）

4. 实行大规模的集中劳动、采用大机器高效率生产、实行雇佣工人制度、劳动分工深化、生产走向社会化是工场手工业时期的特征。 （ ）

5. 只需要拥有独立支配的财产，经济组织即可成为法人。 （ ）

六、案例分析题

在一个管理经验交流会上，有 A、B 两个厂的厂长分别论述各自对如何进行有效管理的看法。

A 厂长认为，企业首要的资产是员工，只有员工们都把企业当成自己的家，都把个人的命运与企业的命运紧密联系在一起，才能充分发挥他们的智慧和力量为企业服务。因此，管理者有什么问题，都应该与员工们商量解决；平时要十分注重对员工需求的分析，有针对性地给员工提供学习、娱乐的机会和条件；每月的黑板报上应公布当月过生日的员工姓名，并祝他们生日快乐；如果哪位员工结婚生子了，厂长应亲自送上贺礼。在 A 厂长厂里，员工们都普遍地把企业当作自己的家，全心全意地为企业服务，工厂日益兴旺发达。

B 厂长则认为，只有实行严格的管理，才能保证实现企业目标所必须开展的各项活动的顺利进行。因此，企业要制定严格的规章制度和岗位责任制，建立严格的控制体系，注重上岗培训，实行计件工资制等。在 B 厂长厂里，员工们都非常注意遵守规章制度，努力工作以完成任务，工厂发展迅速。

问题：这两个厂长谁的观点正确，为什么？

第二节　现代企业制度

一、填空题

1. 企业制度是关于企业组织、________、________等一系列行为的规范和模式的总称。

2.《中华人民共和国公司法》里只规定了两种公司形式，即____________

和__________。

3. 传统的所有权分解为现在的所有权、________、________，这三者共同构成企业经营机制。

4. 政企分开就是把政府和企业分开，主要包括以下三方面的内容：一是________________________；二是________________________；三是__________________________________。

5. 现代企业制度的典型形式是__________。

6. 有限责任公司是指根据《中华人民共和国公司登记管理条例》规定登记注册，由__________、__________的股东共同出资，每个股东以其所认缴的出资额对公司承担有限责任，公司以其全部资产对其债务承担责任的经济组织。

7. 在公司制企业中，其产权关系清晰主要表现在有效地实现了__________与__________的分离。

8. 直线一职能制这种组织结构形式是把企业管理机构和人员分为两类，一类是__________和人员，按命令统一原则，对各级组织行使指挥权；另一类是__________和人员，按专业化原则，从事组织的各项职能管理工作。

9. 企业的__________、__________和监督权构成了企业领导制度的核心内容，而这三种权力的分合、归属既要反映生产力的要求，又要符合国家政治体制和经济体制的要求。

10. 公司制企业是现代企业的重要组织形式，其基本组织领导制度为公司董事会领导下的__________。

二、单项选择题

1. 企业以（ ）为主要职能，有明确的营利目标，各级管理人员和一般职工按经营业绩和劳动贡献获取收益，住房分配、养老、医疗及其他福利事业由市场、社会或政府机构承担。

A. 生产 B. 经营

C. 生产经营 D. 研究开发

2. 企业资产的所有权属于（ ），企业中的国有资产所有权属于国家。

A. 管理者　　B. 出资者

C. 董事会　　D. 股东

3. 在企业的组织结构类型中，（ ）是一种最早也是最简单的组织形式。

A. 直线制　　B. 职能制

C. 直线—职能制　　D. 矩阵制

4. 企业制度体系规定了企业的（ ），从而决定了企业的各种经营管理行为。

A. 经营管理体制　　B. 发展方向

C. 效率　　D. 利润水平

5. 股份制企业是指由（ ）以下投资人（自然人或法人）依法出资组建，有独立法人财产，自主经营、自负盈亏的法人企业。

A. 四十个　　B. 五十个

C. 三十个　　D. 十个

6. 组织结构是组织的（ ）为实现组织目标，在管理工作中进行分工协作，在职务范围、责任、权力方面所形成的结构体系。

A. 领导机构　　B. 营销机构

C. 全体成员　　D. 管理机构

7. 实行厂长（经理）负责制，要健全和完善（ ），切实保障职工参加企业民主管理的权利，发挥职工在企业管理中的参与和监督作用。

A. 后勤保障　　B. 福利制度

C. 组织机构　　D. 职工代表大会制度

8. 股东大会由（ ）组成，是由股东参与公司重大决策的一种组织形式，是股份公司的最高权力机关，是股东履行责任、行使权利的机构与场所。

A. 两个大股东　　B. 全体股东

C. 五个大股东　　D. 六个大股东

9. 董事会下设（ ），全面负责公司工作，直接向董事会负责。

A. 总经理　　B. 董事助理

C. 董事长　　D. 副董事长

10. 监事会是公司内部的（　　），其基本职能是监督公司的一切经营活动。

A. 下设机构　　B. 指挥机构

C. 专职监督机构　　D. 控制机构

三、多项选择题

1. 企业的责任包括（　　）。

A. 对国家照章纳税　　B. 对出资者保值、增值

C. 对社会举办公益　　D. 对债务承担有限责任

2. 下列选项中，属于企业组织结构的有（　　）。

A. 直线制　　B. 职能制

C. 直线—职能制　　D. 矩阵制

3. 下列选项中，构成企业领导制度核心内容的有（　　）。

A. 企业的决策权　　B. 企业的经营权

C. 企业的指挥权　　D. 企业的监督权

4. 监事会由（　　）组成，对股东大会负责。

A. 股东　　B. 执法人员

C. 适当比例的公司职工代表　　D. 全体职工

5. 矩阵制组织结构的适用企业类型为（　　）。

A. 研发型企业　　B. 软件公司

C. 劳动密集型企业　　D. 工程企业

四、简答题

1. 简述现代企业制度的含义及其特征。

2. 简述股份有限公司的主要特征。

3. 简述直线制组织结构的优缺点。

4. 简述职能制组织结构的优缺点。

5. 简述公司监事会的监督特点。

五、判断题

1. 产权是所有权中分离出来的静态财产关系。（ ）

2. 企业破产清盘时，出资者要以一切财产抵债。（ ）

3. 有限责任公司是将公司的资本总额分成若干等额股份，股东依据所持股份为限对公司承担责任。（ ）

4. 作为独立的市场竞争主体，企业资不抵债并扭亏无望时，应依法破产，解体淘汰。（ ）

六、案例分析题

我国拥有众多的“中华老字号”企业，如全聚德、同仁堂、胡庆余堂、楼外楼等，它们都传承了独特的产品、技艺或服务，具有历史价值和文化价值，同时经过长时间的历史检验，它们也得到了广泛的社会认同和赞誉。但是，在当今经济全球化的形势下，技术发展日新月异，市场竞争日趋激烈，许多“中华老字号”企业由于企业体制、管理经营等多种原因，不能适应市场发展，逐步丧失了可持续发展的能力。

“中华老字号”企业要持续发展，必须逐步建立现代企业制度，把优秀传统与现代企业机制、管理方法结合起来，以适应市场竞争。例如，建立于 1938 年的新华书店于 2004 年通过改制引入民营和外国资本，与 7 家国有出版单位、2 家国内有限责任公司和 1 家外国投资公司共同组建新华出版物流通公司，经营范围扩展为国内出版的图书、报纸、期刊和电子出版物等批发零售业务，由此获得了新发展。所以，“中华老字号”企业要想长久持续的发展，和其他企业一样，关键是要确立现代企业制度。

问题：案例中的“中华老字号”企业能够取得成功的主要经验是什么？主要实行了哪些措施？

第二章　现代企业资源管理

第一节　人力资源管理

一、填空题

1. 人力资源管理是指在经济学与人本思想指导下，通过招聘、甄选、培训、报酬等管理形式对组织内外相关人力资源进行有效运用，满足________需要，保证组织目标实现与成员发展最大化的一系列活动的总称。

2. 人力资源宏观管理是对社会整体的人力资源的________，从而调整和改善人力资源状况，使之适应社会再生产的要求，保证社会经济的运行和发展。

3. 人力资源管理的功能是通过____________来实现的。

4. ________是企业发展战略的重要组成部分，也是企业人力资源开发与管理各项职能活动的起点和依据。

5. 工作说明书是确定各职位所要求的任职资格，如学历、经验、年龄、______。

6. 人力资源规划的主要任务包括两个层次，即总体规划与______。

7. 薪酬管理是在组织发展战略指导下，对员工______、薪酬策略、薪酬水平、薪酬结构、薪酬构成进行确定、分配和调整的动态管理过程。

8. 团队是指由员工和____组成的一个共同体，它合理利用每一个成员的知识和技能协同工作、解决问题，达到共同的目标。

9. ___的人事管理具有视员工为负担、成本，重使用、轻开发，对员工的管理是命令式、控制式等特点。

二、单项选择题

1. 人力资源管理的功能主要体现在五个方面：获取、整合、奖酬、调控和

（ ）。

A. 监督　　B. 开发

C. 配合　　D. 反馈

2. 职位变化引起的薪酬、福利等支出的变化应列入人力资源规划的（ ）。

A. 配备计划　　B. 补充计划

C. 职业计划　　D. 使用计划

3. 下列选项属于非货币性薪酬的是（ ）。

A. 津贴　　B. 住房公积金

C. 弹性工作时间　　D. 医疗保险

4. 员工的培训与开发是实现员工和企业共同成长和进步的一种（ ）的活动。

A. 计划性和连续性　　B. 计划性和暂时性

C. 随机性和连续性　　D. 随机性和暂时性

5. 中长期内不同职务、部门或工作类型的人员分布情况应列为人力资源规划的（ ）。

A. 配备计划　　B. 补充计划

C. 职业计划　　D. 使用计划

6. 骨干人员的使用和培养方案应列为人力资源规划的（ ）。

A. 配备计划　　B. 补充计划

C. 职业计划　　D. 使用计划

7. 工作分析由（ ）两部分组成。

A. 工作描述和工作说明书　　B. 工作计划和工作说明书

C. 工作描述和工作计划　　D. 工作描述和工作指南

8. 绩效管理是一个完整的系统，也是一个循环过程，一般分为（ ）个步骤。

A. 四　　B. 五

C. 六　　D. 七

9. 传统的人事管理，对员工的管理具有（　　）等特点。

A. 协商式、控制式　　B. 协商式、命令式

C. 命令式、指导式　　D. 命令式、控制式

三、多项选择题

1. 人力资源管理的获取功能，主要是指人力资源管理部门根据组织结构确定工作说明书与员工素质要求，制订与组织目标相适应的人力资源需求与供给计划，并根据人力资源的供需计划而开展（　　）等工作。

A. 招募　　B. 考核

C. 选拔　　D. 录用

E. 配置

2. 下列选项中，属于人力资源管理职能的有（　　）。

A. 人力资源规划　　B. 工作分析

C. 招聘选拔　　D. 培训与开发

E. 生产管理

3. 现代人力资源管理的特点包括（　　）。

A. 重视员工的培训开发

B. 以事为中心

C. 以人为中心

D. 强调民主，鼓励员工参与

4. 现代人力资源管理的手段主要包括（　　）。

A. 人工　　B. 计算机

C. 网络　　D. 专业软件

5. 下列选项中，属于直接货币薪酬的有（　　）。

A. 工资　　B. 福利

C. 住房公积金　　D. 奖金

E. 津贴

四、简答题

1. 简述现代人力资源管理的概念。

2. 什么是工作描述和工作说明书?

3. 简述薪酬管理的概念和基本模式。

4. 简述团队的构成要素。

5. 简述现代人力资源管理和传统人事管理的主要区别。

五、判断题

1. 人力资源管理就是强调对劳动过程的管理，将员工置于严密的监督和控制之下，确保生产任务的完成。（　　）

2. 安置费是属于退休解聘计划里的内容。（　　）

3. 招聘选拔可以从外部招聘优秀人才，同样也可以从内部选拔优秀人才。（ ）

4. 除了工资和奖金，养老保险、医疗保险、失业保险、工伤及生育保险、住房公积金等属于非货币性薪酬。（ ）

5. 员工的培训与开发是员工个人职业生涯发展的需要，与企业生产活动没有直接关系。（ ）

六、实训题

某企业需要招聘 20 名市场营销人员，请根据招聘流程（时间、岗位、资格、招聘广告的发布渠道、选拔过程、录用等）制订一个招聘计划。

第二节　财务管理

一、填空题

1. 财务管理是指管理企业的财务资源以实现__________的工作。

2. 企业投资的主要方式一般集中在投资____________、收购或兼并其他企业、通过投资控股方式扩大经营规模等。

3. 筹资是通过一定渠道、采取适当方式筹措资金的财务活动，是财务管理的____________。

4. 筹资按照资金使用期限长短可以分为____________和____________。

5. 营运资金是指流动资产与____________的净额。

6. ____________是企业管理中的重要组成部分，它的优劣直接影响企业的生存和发展。

7. ______________关系着国家、企业、职工及所有者各方面的利益，是一项政策性较强的工作。

8. 企业的发展应该追求______________最大化。

9. ______________是指企业通过财务上的合理经营，采取最优化的财务政策，充分考虑资金时间价值和风险及报酬的关系，在保证企业长期稳定发展的基础上，追求一定时间所创造的经济增加值与投入资本之比的最大化。

10. ____________原则是人们对增加企业财富基本规律的认识。

二、单项选择题

1. 企业为短期和长期发展所进行的增加资金总量、扩大经营规模的管理活动是（　　）行为。

A. 筹资管理　　B. 投资管理

C. 运营资金管理　　D. 利润分配管理

2. 以下选项不属于财务管理原则的是（　　）。

A. 回避风险原则　　B. 价值创造原则

C. 利益关系协调原则　　D. 现金流转平衡原则

3. 以下选项不属于中长期资金筹集方式的是（　　）。

A. 发行股票　　B. 发行长期债券

C. 长期银行借款　　D. 商业信用债券

4. 流动资产与流动负债的差额就是（　　）。

A. 货币资金　　B. 企业成本

C. 营运资金　　D. 企业收益

5. 营运资金可以用来衡量企业的短期偿债能力，其金额越大，短期偿债能力（　　）。

A. 越好　　B. 越差

C. 平衡　　D. 不变动

6. 企业在进行财务活动时，需要正确处理所有者、债权人、经营者、职工、债务人、政府等之间的财务关系，这指的是财务管理的（　　）。

A. 风险与收益权衡原则　　B. 价值创造原则

C. 利益关系协调原则　　D. 现金流转平衡原则

7. 报酬与风险是同增的，报酬的增加是以（　　）风险的增加为代价的。

A. 国家　　　　B. 企业

C. 个人　　　　D. 投资

8. 企业价值最大化是指通过财务上的合理经营，采取最优的财务政策，充分利用资金的时间价值和风险与报酬的关系，把（　）放在首位。

A. 个人利益　　　　B. 企业利润

C. 国家利益　　　　D. 企业长期稳定发展

9. 股东投资企业的目的是（　）。

A. 公益事业　　　　B. 社会发展

C. 扩大财富　　　　D. 时代需求

三、多项选择题

1. 财务活动是指资金的（　）等一系列行为。

A. 筹集　　　　B. 投放

C. 使用　　　　D. 回收

E. 分配

2. 下列表述中，正确的选项有（　）。

A. 风险的增加会直接威胁到企业的生存，企业必须回避风险

B. 风险越大，收益越高

C. 额外的风险应当由额外的收益来补偿

D. 企业经营的关键是要控制风险，而不是回避风险

3. 财务管理的目标主要包括（　）。

A. 利润最大化　　　　B. 股东财富最大化

C. 企业价值最大化　　　　D. 以上都不是

4. 流动资产在资产负债表上主要包括的项目有（　）。

A. 短期借款　　　　B. 货币资金

C. 短期投资　　　　D. 应收账款

5. 流动负债包括的项目有（　）。

A. 短期借款　　　　B. 应付票据

C. 应付账款　　　　　　　　D. 应付工资

E. 应付税金

四、简答题

1. 简要说明财务管理的内容。

2. 什么是财务关系？财务关系包括哪些方面？

3. 利润分配管理应遵循哪些原则？

4. 财务管理的目标包括哪些？

5. 让企业的财务管理与企业经营目标保持一致，应注意哪些原则？

五、判断题

1. 企业价值最大化就是要不断增加企业财富。（　　）

2. 流动负债具有成本低、偿还期短的特点，基本上没有风险。（　　）

3. 财务管理的价值创造原则，要求一项决策的价值取决于它能否为企业获取巨大的利润。（ ）

4. 按我国现行法律的规定，在民间借贷关系中，将钱借给他人的人称为债务人。（ ）

第三节　物流管理

一、填空题

1. 物流是指物品从供应地向__________的实体流动过程。

2. 物流管理是指对原材料、____________等物料在企业内外流动的全过程所进行的计划、实施、控制等活动。

3. 在供应物流活动中，为组织物资供应而进行的外部采购，表现为________属性。

4. 企业的物资供应部门将生产所需物资发送到生产现场，表现为________属性。

5. 销售物流是指物料从__________到__________之间的物流。

6. 库存是由于人们无法预测未来的需求变化，为____________，保证生产连续进行而采用的以应付外界变化的一种手段。

7. 在流通过程中进行的______________活动称为流通加工。

8. 加工是改变__________，形成一定产品的活动。流通则是改变__________________。

9. ________是为货物运输和保管需要而进行的作业。

10. 物流信息管理就是对______________进行统一规划和组织。

二、单项选择题

1. 生产和流通活动中的一些物资是需要回收并加以利用的，这属于（ ）

物流活动。

A. 销售　　B. 回收

C. 废弃　　D. 生产

2. 包括原材料等一切生产物资的采购、进货运输、仓储、库存管理、用料管理和供应管理，称为（　　）。

A. 生产物流　　B. 销售物流

C. 回收物流　　D. 供应物流

3. 现代企业物流管理要确保整个供应链的效率化，（　　）已成为物流管理的核心。

A. 计划　　B. 控制

C. 运输　　D. 储存

4. 通过（　　）不仅可以将产品及时推向市场，而且还可以使企业迅速回收资金。

A. 生产物流　　B. 销售物流

C. 供应物流　　D. 回收物流

5.（　　）是生产过程的终点，同时也是物流过程的起点。

A. 运输　　B. 储存

C. 包装　　D. 装卸

6. 现代物流认为物流是"外部事务"，与此相适应，企业经营理念的核心已从产品制造转向（　　）。

A. 市场营销和客户服务　　B. 企业的生产或销售服务

C. 获取全面正确的物流信息　　D. 协同企业各部门利益

7. 物流管理是通过对（　　）的合理分配，使物流作业高效完成的全过程。

A. 时间、地点、人物　　B. 人、财、物

C. 时间、地点、资金　　D. 财、权、人

8. 社会经济领域中的物流活动无处不在，根据物流的不同，形成了不同类型的物流（　　）。

A. 原因、途径、方法　　B. 方法、目的、范围

C. 对象、目的、范围　　D. 对象、目的、途径

9. 以下属于废弃物流的是（　　）。

A. 酒瓶　　B. 开采矿山时产生的土石

C. 炼钢生产中的钢渣　　D. 无机垃圾

10. 现代物流活动必须及时了解和反映市场的需求，并将之反馈到供应链的各个环节，才能保证生产经营决策的正确性和再生产的顺利进行，这是现代物流的（　　）。

A. 供需平衡性　　B. 系统协作性

C. 客户服务性　　D. 信息依赖性

三、多项选择题

1. 运输管理，要求选择技术经济效果最好的运输方式和联运方式，合理确定运输路线，贯彻执行（　　）的物流运输原则。

A. 及时　　B. 准确

C. 经济　　D. 安全

2. 对装卸、搬运活动的管理要求有（　　）。

A. 力求减少装卸次数

B. 以减少成本为首要目的

C. 合理配置和使用装卸机具

D. 做到节能、省力，减少损失，加快速度，取得较好的经济效益

3. 关于流通加工，下列说法正确的有（　　）。

A. 流通是改变物质的形状和性质，形成一定产品的活动

B. 加工是改变物质的空间与时间状态

C. 流通加工是为了弥补生产过程加工的不足，更有效地满足客户需要

D. 流通加工使产需双方更好衔接

4. 企业开源节流必须通过管理的作用把企业（　　）整合起来，使企业能够获得采购、生产和销售的最优路线，才能提高企业核心业务的竞争力。

A. 资金流　　B. 信息流

C. 物流　　　　　　　　D. 以上都不是

四、简答题

1. 简述物流管理的基本内容。

2. 简述选择包装方式应考虑的因素。

3. 简述企业物流信息管理的作用。

4. 简述运输管理的原则。

5. 简述物流管理的特征。

五、判断题

1. 零库存管理是指以仓库储存形式进行储存的某些物品的数量真正为零。（　）

2. 装卸搬运由两个环节构成：装卸是指在物流过程中，对货物进行装卸、

搬运、堆放、取货、理货分类或与之相关的作业；搬运是为货物运输和保管需要而进行的作业。（ ）

3. 商品在储运过程中，考虑到对商品的保护，要求严格用木箱包装。

（ ）

4. 物流就是商品的流通过程，它改变商品的空间与时间状态。流通加工不属于物流过程。（ ）

5. 现代物流管理的中心要素是运输与包装。（ ）

六、实训题

2018 年 7 月 12 日，无锡某水果批发公司接到北京某水果零售公司的订单，订单内容为 500 箱水蜜桃，订单要求最迟于 2018 年 7 月 15 日收到货物。假如你是该水果批发公司的发货专员，请根据客户要求，考虑在落实该订单业务的过程中如何贯彻运输的四原则。

第四节 信息管理

一、填空题

1. 信息管理是人类为了有效地开发和利用信息资源，以________为手段，对信息资源进行计划、组织、领导和控制的社会活动。

2. 信息管理就是人对________和信息活动的管理。

3. 信息管理的________是指信息要能客观、正确地反映企业内部生产活动或外部经营环境的特点，即问题的实质，这是对管理信息的最基本要求。

4. 信息的价值是在产生以后随着时间的延续而________的。

5. 信息管理的适用性对企业________的判断能力提出了很高的要求。

6. 信息管理要把各种形式的________分类整理，并加工处理，以备查询。

7. 当企业信息存储量过大时，必须依靠先进的____________技术。

8. 信息管理要选择合适的____________技术，以便于检索和提高检索速度。

9. 信息管理要采用新的____________技术，使信息的传输速度更快、传输量更大。

二、单项选择题

1. “信息工作者应保证能将反映企业内外环境及目前状态的信息迅速地收集、加工并传递给管理者，以帮助管理者及时地作出决策或采取措施”，这句话是指信息管理的（　　）要求。

A. 正确性　　B. 完整性

C. 及时性　　D. 适用性

2. 信息的价值在产生以后随着时间的延续而（　　）。

A. 增加　　B. 减弱

C. 不变　　D. 有时增加，有时减弱

3. 关于信息的描述，以下选项不正确的是（　　）。

A. 信息是数据有意义的表示

B. 只有经过加工处理或解释成人们想要得到的数据，才能够称之为信息

C. 信息是对数据进行加工处理之后所得到的并对决策产生影响的数据，是逻辑性（观念性）的

D. 信息是可识别的、抽象的符号

4. 以下不属于信息管理内容的是（　　）。

A. 信息的评价　　B. 信息的采集

C. 信息的传输　　D. 信息的检索

5. 能提供有效的方式处理个人和组织的业务数据，进行计算并生成文件的是（　　）。

A. 办公自动化系统　　B. 通信系统

C. 管理信息系统和执行信息系统　　D. 决策支持系统

6. 管理信息不仅应全面、系统，而且应具有连续性，这是指信息管理的（　）。

A. 正确性　　B. 完整性

C. 及时性　　D. 适用性

7. 要在众多信息中识别出对企业经营有直接、重大影响的信息，并有效、及时地加以收集和加工，这是指信息管理的（　　）要求。

A. 正确性　　B. 完整性

C. 及时性　　D. 适用性

8. 能提供有效的方式处理个人和组织的业务数据，进行计算并生成文件的是（　　）。

A. 办公自动化系统　　B. 通信系统

C. 管理信息系统和执行信息系统　　D. 决策支持系统

三、多项选择题

1. 信息管理就是人对（　　）的管理。

A. 信息资源　　B. 信息活动

C. 信息资源与信息活动　　D. 各种数据

2. 下列选项中，关于信息管理的叙述正确的有（　　）。

A. 为保证信息准确，首先要求原始信息可靠

B. 收集的信息要能客观、正确地反映企业内部生产活动和外部经营环境的特点

C. 大量收集信息，不一定要求全面

D. 对每一个信息都必须认真分析，并注意保密性

3. 下列说法正确的有（　　）。

A. 帮助人们协同工作，以多种不同形式交流并共享信息的是通信系统

B. 产生并维持一致的数据处理方法以及跨多种企业职能的集成数据库是企业系统

C. 当企业信息存储量过大时，要依靠更多的存储设备

D. 信息管理要求在众多信息中识别出对企业经营有直接和重大影响的信息，并有效、及时地加以收集和加工

4. 下列属于信息处理的有（　　）。

A. 选择适合的软件　　B. 实行信息共享

C. 信息的加工处理　　D. 对原始数据分类整理

5. 下列选项中，（　　）属于信息。

A. 75%　　B. 种子的生活力是 67%

C. 登记材料编号为 1324　　D. 蓝色

四、简答题

1. 简述信息与数据的联系。

2. 简述信息管理的作用。

3. 简述信息管理及时性的要求。

4. 简述信息管理的内容。

5. 简述信息管理完整性的要求。

五、判断题

1. 信息管理首先要依靠先进的存储技术对企业的各种信息加以存储保管。（　　）

2. “信息要能客观、正确地反映企业内部生产活动或外部经营环境的特点，即问题的实质”，这是对信息管理完整性的要求。（　　）

3. 在特定的条件下，企业的信息不实行共享，这意味着否定信息具有可共享性的特征。（　　）

4. 信息是对数据进行加工处理之后所得到的并对决策产生影响的数据，是逻辑性（观念性）的。（　　）

六、实训题

举例说明企业运用信息系统可以获得的竞争优势。

第三章　现代企业市场营销管理

第一节　市场营销管理概述

一、填空题

1. 市场是__________和____________发展到一定程度的产物。

2. 从经营者的角度来看，人们常常把__________称之为行业，而将____________称之为市场。

3. 随着社会的进步、科技的发展，新的市场营销方式不断出现。常见的市场营销方式有__________、____________、____________、__________、社会营销等。

4. 网络营销就是以____________为主要手段、为达到一定营销目的进行的营销活动。

5. ______________________是对一个企业各种传播方式的综合集成。

6. 关系营销是指在营销过程中，企业还要与__________、__________、分销商、供应商、政府机构和公众等发生交互作用的营销过程。

7. 社会营销观念要求企业在制定市场营销政策时要兼顾三方面利益，即将________、__________和____________统一起来。

8. 市场营销观念认为，实现企业各项目标的关键，在于正确确定目标市场的____________，并且比竞争者更有效地传送目标市场所期望的产品或服务，进而比竞争者更有效地满足目标市场的需要和欲望。

9. _______________是对市场营销观念的补充和完善。

10. 企业市场营销活动就是恰当地组合“________”适应外部环境，这是企业生存和发展的关键。

二、单项选择题

1. 市场营销是指企业以（　　）为中心，以市场为导向，从产品规划开始，综合利用各种营销手段，最终实现企业经营目标的全过程。

A. 利润　　B. 客户

C. 市场份额　　D. 产品

2. 许多冰箱生产厂家近年来高举“环保、健康”旗帜，纷纷推出无氟冰箱。它们所奉行的市场营销管理哲学是（　　）。

A. 推销观念　　B. 生产观念

C. 市场营销观念　　D. 社会营销观念

3. 市场营销工作的导向是（　　）。

A. 客户　　B. 市场

C. 竞争者　　D. 企业自身

4. 市场营销的手段是（　　）。

A. 广告　　B. 产品质量

C. 促销人员　　D. 综合运用营销组合

5. 指导企业营销活动的生产观念产生于 20 世纪初，由于当时社会生产力水平还比较低，商品供不应求，市场经济呈（　　）状态。

A. 买方市场　　B. 卖方市场

C. 计划经济　　D. 市场经济

6. 在市场竞争激烈的条件下，要比竞争者更有效地传送目标市场所期望的产品或服务，企业应具有的营销观念是（　　）。

A. 生产观念　　B. 产品观念

C. 推销观念　　D. 市场营销观念

7. 以下选项中，不是市场营销活动主要内容的为（　　）。

A. 产品　　B. 卖方市场

C. 分销渠道　　D. 促销渠道

8. 下列关于营销观念的叙述错误的是（　　）。

A. 生产观念只看到自己的产品质量好，相信“酒香不怕巷子深”

B. 企业的任务是确定各个目标市场的需要、欲望和利益

C. 社会营销观念是对市场营销观念的补充和完善

D. 产品观念经营重点是努力提高生产效率，增加产量，降低成本

9. 关系营销的结构包括（　　）。

A. 内在市场　　B. 竞争者市场

C. 客户关系　　D. 外部消费者市场

10. 市场包含有某种需要的人、为满足这种需要的购买能力和购买欲望三个主要因素，用公式可以表示为（　　）。

A. 市场 = 人口 + 购买力 + 购买欲望

B. 购买力 = 人口 + 市场 + 购买欲望

C. 购买欲望 = 人口 + 购买力 + 市场

D. 市场 = 人口 + 需求 + 购买欲望

三、多项选择题

1. 下列选项中，（　　）构成了市场的因素。

A. 人口　　B. 购买力

C. 购买欲望　　D. 价值

2. 传统的营销观念包括（　　）。

A. 社会营销观念　　B. 生产观念

C. 产品观念　　D. 推销观念

3. 属于市场为导向的营销观念包括（　　）。

A. 生产观念　　B. 产品观念

C. 推销观念　　D. 市场营销观念

E. 社会营销观念

4. 社会营销观念的核心是正确处理（　　）之间的利益关系。

A. 企业　　B. 供应商

C. 客户　　D. 中间商

E. 社会

5. 下列关于市场营销的叙述正确的有（　　）。

A. 市场营销源于销售活动，但它的内涵比单纯的销售活动要广得多

B. 市场营销的目的是企业利润最大化

C. 市场营销的中心是顺利完成交换

D. 市场营销的手段是综合运用营销组合

四、简答题

1. 简述市场营销的定义。

2. 简述社会营销观念的主要思想主张。

3. 简述市场营销活动的主要内容。

4. 简述传统营销观念与现代营销观念的区别。

5. 什么叫关系营销?

五、判断题

1. 市场营销最主要的手段是人员推销。（　　）

2. 市场营销的中心内容是实现企业营利的目的。（　　）

3. 整合营销传播使得企业及其产品和服务的总体传播效果得到明确、连续和提升。（　　）

4. 市场营销源于销售活动，也等同于销售活动。（　　）

5. 关系营销是指在营销过程中，企业要通过请客、送礼与供应商和政府机构等建立紧密的利益关系。（　　）

六、案例分析题

案例：湖北十堰市时新商场是一个以经营纺织品为主的商场。近几年来，由于受纺织品销售不景气的大气候影响，商场生意比较平淡。尤其是大批的鞋类积压，使得商场经营举步维艰。在大批积压的鞋类中，仅旅游鞋就占用了40万元资金。为了摆脱被动局面，2018年11月，商场计划用半个月的时间对折销售旅游鞋。商场在十堰市最具影响的《车城文化报》上宣称此举措是以加速资金周转、盘活资金为目的，商场将亏损10万元。当这个消息传播出去以后，商场每天都人流如织，鞋柜前里三层外三层地挤满了抢购的消费者。这种情况持续了十多天，积压的旅游鞋全部销售一空。结果，商场不仅没有亏损，反而赚了5万元。

问题：请分析时新商场经营成功的原因。

第二节　目标市场的经营策略

一、填空题

1. 企业为自己的市场确定一定的________或________，即企业的产品为什么样的需求服务、为谁的需求服务，这就是选择企业的目标市场。

2. 市场细分是根据________，按照产品的销售对象，把市场细分为不同的需求层次，从而针对不同的细分市场来选择自己的目标市场。

3. 市场细分的基础是________的差异性。

4. 无差异性营销的缺点是忽视了________的差异性，难以被企业长期采用。

5. 无差异性营销策略只注重子市场需求的共性，只推出单一产品，运用单一的营销方案，力求在一定程度上适合________。

6. 集中性营销的优点是有利于降低生产成本，节约营销费用，增加企业赢利；缺点是，________较大。

7. 定制营销也被称为________营销或________营销。

8. 当市场上同类产品的竞争者较少，竞争不激烈时，企业可采用________营销策略。

9. 企业资源有限、实力不强时，采用________营销策略效果会更好。

10. 在消费者眼里，不同企业生产的产品相似程度高，则________高。

二、单项选择题

1. 下列选项中，关于无差异性营销策略的叙述不正确的是（　）。

A. 无差异性营销策略只注重子市场需求的共性，只推出单一产品，运用单一的营销方案，力求在一定程度上适合尽可能多的客户需求

B. 无差异性营销策略有利于降低成本，能以低成本取得市场竞争优势

C. 无差异性营销策略的缺点是产品单一，不利于标准化与大规模生产

D. 可口可乐公司早期以“可口可乐”一种产品行销全世界许多国家，经营十分成功

2. 针对不同的子市场，推出不同的产品，推行不同的营销方案，以最大限度满足各个子市场需要的营销策略是（　　）。

A. 差异性营销策略　　B. 无差异性营销策略

C. 集中性营销策略　　D. 定制营销策略

3. 集中性营销策略一般适合于（　　）。

A. 实力雄厚的大公司　　B. 大型商业企业

C. 实力弱、资源少的小型企业　　D. 小型专卖店

4. 处于（　　）的产品，由于同类竞争品不多，竞争不激烈，可采用无差异性营销策略。

A. 投入期　　B. 衰退期

C. 成长期　　D. 成熟期

5. 对于大米、食盐、钢铁等产品，尽管每种产品因产地和生产企业的不同会有品质差别，但消费者可能并不十分看重，此时，竞争将主要集中在价格上。这样的产品适合采用（　　）。

A. 集中性营销策略　　B. 差异性营销策略

C. 定制营销策略　　D. 无差异性营销策略

6. 下列选项中，关于集中性营销策略表述错误的是（　　）。

A. 目标市场狭小

B. 经营风险较大

C. 适用于实力雄厚的大公司

D. 适用于实力弱、资源少的小型企业

7. 对于服装、化妆品、汽车等产品来说，（　　）较低，因而更适合采用差异性或集中性营销策略。

A. 产品的同质性　　B. 市场的同质性

C. 企业实力　　D. 竞争者的数目

8. 当产品进入成长期或成熟期，同类产品增多，竞争日益激烈，为确立竞争优势，企业可考虑采用（　　）。

A. 集中性营销策略　　B. 差异性营销策略

C. 定制营销策略　　D. 无差异性营销策略

9. 由于现代信息技术和现代制造业的迅猛发展，企业为客户提供量体裁衣式的产品和服务，这采用的是（　　）。

A. 集中性营销策略　　B. 差异性营销策略

C. 定制营销策略　　D. 无差异性营销策略

三、多项选择题

1. 差异性营销策略的优点有（　　）。

A. 有利于提高产品的竞争力

B. 有利于降低成本，节省营销费用

C. 有利于提高市场占有率

D. 有利于提高企业的知名度

2. 关于定制营销的叙述正确的有（　　）。

A. 定制营销是企业将所有的资源力量集中，以一个或少数几个性质相似的子市场作为目标市场，进行专业化经营

B. 定制营销将市场细分进行到最大限度，则每一位客户都是一个与众不同的细分市场

C. 定制营销有可能导致营销工作的复杂化，增大经营成本和经营风险

D. 定制营销以需定产，有利于减少库存积压，加快企业的资金周转

3. 影响目标市场营销策略的因素有（　　）。

A. 企业资源或实力　　B. 产品同质性

C. 市场同质性　　D. 产品所处生命周期的不同阶段

E. 竞争者的市场营销策略

4. 企业选择目标市场策略时，一定要考虑竞争者的营销策略。如果竞争对手采用差异性营销策略，企业应采用（　　）与之抗衡。

A. 充分强调本企业产品的质量优势　　B. 集中性营销策略

C. 无差异性营销策略　　D. 差异性营销策略

5. 无差异性营销策略（　　）。

A. 具有成本的经济性　　B. 不进行市场细分

C. 适合小企业　　D. 只强调市场需求共性

四、简答题

1. 简述制定目标市场营销策略需要考虑的因素。

2. 什么叫差异性营销策略？

3. 简要说明选择目标市场应遵循的原则。

4. 什么叫无差异性营销策略？

5. 什么叫集中性营销策略？

五、判断题

1. 无差异性营销策略的优点是由于产品单一，有利于标准化与大规模生产。（ ）

2. 为了有利于提高企业的知名度，建立企业威望，树立良好的企业形象，各类企业都应采用差异性营销策略。（ ）

3. 无差异性营销策略的缺点是多品种生产，势必增加生产及营销成本，增加管理的难度。（ ）

4. 定制营销策略只适用于自行车、汽车、服装、家具等有形产品，不适用于金融、咨询、旅游、餐饮等服务领域。（ ）

六、案例分析题

一家制造捕鼠器的公司，为了研制一种适宜于老鼠生活习性的捕鼠器，花了若干年时间研究了老鼠的饮食、活动等各方面的特征，终于制造出了一种受老鼠“欢迎”的新型捕鼠器。新产品完成后，屡经试验，捕鼠效果确实不错，捕鼠率百分之百。与老式捕鼠器相比，新型捕鼠器还有以下优点：外观大方，造型优美；捕鼠器顶端有按钮，捕到老鼠后只要一按按钮，死鼠就会掉落；可终日置于室内，不必夜间投器；绝对安全，也不会伤害儿童；可重复使用，一个新型捕鼠器可抵好几个老式捕鼠器。新型捕鼠器上市伊始深受消费者的青睐，但好景不长，市场迅速萎缩了。是什么原因导致这么好的产品没有达到预计的销售业绩呢？后来查明，其原因有以下几点：

第一，该新型捕鼠器的买主一般是家庭中的男性。他们每天就寝前安装好捕鼠器，次日起床后因急于上班，便把清理捕鼠器的任务留给了家庭中的女性。女性见到死鼠会害怕、恶心，同时又担心捕鼠器不安全，会伤害到人。结果许多女性使用者只好将死鼠连同捕鼠器一起丢弃。由于代价太大，消费者不希望再次购买这种捕鼠器。

第二，由于该捕鼠器造型美观，价格自然较高，所以中、低收入的家庭购买一个便会重复多次使用，重复购买因此减少，销量自然下降。

问题：结合本案例，说明这家制造新型捕鼠器的公司失败的根本原因。

第三节　市场营销组合策略

一、填空题

1. 产品营销策略主要包括品牌、包装、＿＿＿＿＿＿、＿＿＿＿＿＿、＿＿＿＿＿＿等方面的具体实施策略。

2. 产品品牌是指一个＿＿＿＿＿＿、名词、＿＿＿＿＿＿，或者是它们的＿＿＿＿。

3. 创立产品品牌的目的是＿＿＿＿＿＿＿同＿＿＿＿＿＿＿的产品区别开来。

4. 包装是指为了保证商品＿＿＿＿＿＿，便于运输、携带、储存和销售，采用适当的材料制成与商品相适应的容器。

5. 商品或服务价格的高低直接决定企业的＿＿＿＿＿＿＿，也直接影响消费者的＿＿＿＿＿＿＿。

6. 折扣定价策略包括＿＿＿＿＿＿、季节折扣、＿＿＿＿＿＿＿等折扣形式。

7. 折扣定价策略是为了＿＿＿＿＿＿＿＿＿＿和销售资金的快速回笼。

8. 心理定价策略是利用＿＿＿＿＿＿＿＿＿进行定价的一种策略。

9. 分销渠道也就是＿＿＿＿＿＿＿＿，是指商品从生产者向消费者转移的途径和环节。

10. 分销渠道策略中的广泛型分销策略主要适用经常性购买的＿＿＿＿＿

以及通用性强的＿＿＿＿＿＿；独家分销常常以地区性的＿＿＿＿＿＿或＿＿＿＿＿＿的形式出现。

二、单项选择题

1. 宝洁公司产品覆盖洗发护发、美容护肤、家居护理等诸多领域，洗发水品牌有潘婷、海飞丝、飘柔、沙宣等，洗衣粉品牌有汰渍、碧浪等，牙膏品牌有佳洁士等，其实施的品牌策略是（　　）。

A. 多品牌策略　　　　B. 新品牌策略

C. 形式品牌策略　　　　D. 合作品牌策略

2. 在原包装商品用完之后，空的包装容器仍然可以移作他用的包装策略是（　　）。

A. 改进包装策略　　　　B. 类似包装策略

C. 多用途包装策略　　　　D. 方便包装策略

3. 将 400 元的商品定价为 398 元，从而使消费者心理感觉该商品价格是 300 多元，而不是 400 多元，这种定价方法属于（　　）。

A. 优惠定价　　　　B. 尾数定价

C. 声望定价　　　　D. 促销定价

4. 生产厂家不经过任何流通企业直接将商品卖给消费者，属于（　　）渠道。

A. 直销型　　　　B. 单一环节销售型

C. 多环节销售型　　　　D. 传销型

5. 下列关于广告促销的说法错误的是（　　）。

A. 广告促销的前提是产品质量有保证

B. 广告要依靠狂轰滥炸才能有效果

C. 广告需要有新意，恰如其分地进行宣传

D. 广告要能激发消费者对商品的兴趣

6. 商品先要经过一个或数个批发商到达零售商，再由零售商分销到消费者的分销形式是（　　）。

A. 直销型　　B. 广泛销售型

C. 单一环节销售型　　D. 多环节销售型

7. 在企业有新产品上市，竞争对手还没有同样的产品能与其竞争时，企业可以选择（　　）。

A. 速取定价策略　　B. 渐取定价策略

C. 附加产品定价策略　　D. 系列定价策略

8. 以下属于心理定价策略的是（　　）。

A. 速取定价策略　　B. 附加产品定价策略

C. 渐取定价策略　　D. 尾数定价策略

9. 以下不属于分销渠道基本类型的是（　　）。

A. 单一环节销售型渠道　　B. 多环节销售型渠道

C. 统一销售型渠道　　D. 直销型渠道

10. 以下活动属于营业推广的是（　　）。

A. 学术交流　　B. 现场演示

C. 团体社交　　D. 广告促销

三、多项选择题

1. 商品包装在营销活动中的作用主要有（　　）。

A. 保护商品　　B. 方便购买

C. 扩大产品差异　　D. 促进销售

2. 下列关于价格策略叙述正确的有（　　）。

A. 数量折扣是对客户在约定付款时间前，以现金付款的一种优惠

B. 尾数定价会给人一种便宜的感觉，现在许多卖场都采用这种定价策略

C. 数量折扣策略即购买产品数量越多，折扣率越高，以鼓励客户大量购买

D. 市场已有类似代用品，客户对价格较为敏感，或易于仿制的新产品适合用渗透定价策略

3. 以下商品适合广泛型分销策略的有（　　）。

A. 食用盐　　B. 汽车

C. 服装　　　　　　　　　　　　D. 饮料

4. 公共关系促销具体可以运用到（　　）。

A. 宣传企业对社会的贡献，宣传新技术在本企业的应用

B. 组织或派人参加有关产品的学术交流活动

C. 参加各社会团体举办的社交活动

D. 以企业名义支持社会各种福利活动和赞助活动

5. 下列选项中，属于营业推广的有（　　）。

A. 电视广告　　　　　　　　　　B. 赠送优惠券

C. 人员推销　　　　　　　　　　D. 有奖销售

四、简答题

1. 什么是撇脂定价策略？

2. 简述分销渠道的基本类型。

3. 人员促销一般会采取哪些策略？

4. 什么是选择型分销策略？

5. 品牌策略有哪几种方式?

五、判断题

1. 为了促进销售量的增长和销售资金的快速回笼，企业产品定价一般都采用速取定价策略。（　）

2. 为了提高市场占有率，企业应广泛吸引中间商的加盟，采取独家分销策略。（　）

3. 广告促销的实质就是通过信息传播来诱导需求、创造需求。（　）

4. 与新闻报道部门保持密切关系，通过媒体宣传企业的方针政策、产品、服务水平，是一种广告策略。（　）

5. 免费提供样品、赠送优惠券是常用的价格策略。（　）

六、实训题

家园玫瑰鲜花汁是某公司开发出来的一种新产品。它精选天然上好玫瑰花原料，结合现代食品科学技术并配以上等枣花蜂蜜精制而成，保存了玫瑰花独有的天然色，具有养颜姿容、润喉生津、健脾降火、柔肝醒胃的作用。

该公司的营销部门准备将此产品推向市场，如果你是营销部经理，你将如何为这种新产品定价?

第四章　现代企业生产与质量管理

第一节　企业生产管理

一、填空题

1. 生产管理的主要任务就是在规定时间内，生产出一定数量符合产品______和______的合格产品。

2. 生产管理所讲的组织，是______和______的统一。

3. 生产计划主要包括______和______。

4. 生产控制是指围绕完成生产计划所进行的各种检查、______、______等工作。

5. 生产过程组织是指为______，______，对生产过程的各个组成部分从时间和空间上进行合理安排，使它们能够相互衔接、密切配合的设计与组织工作的系统。

6. 生产技术准备过程是指产品投入生产以前所进行的各项生产技术准备工作过程，包括产品生产前的产品设计、______、______、______和设备布置等内容。

7. 辅助生产过程是指为保证基本生产过程正常进行所从事的______的过程，如动力的供应、设备的维修、模具的制造等。

8. 基本生产过程是指通过加工直接把劳动对象变为______的过程，基本生产过程在企业整个生产过程中占______，其他过程都是为实现基本生产过程而服务的。

9. 生产服务过程是指为了______和______正常进行的生产服务活动的过程，如各种材料和工具的供应、保管、运输等。

10. 生产现场是指从事产品生产、制造或提供生产服务的场所，它既包括______作业场所，也包括______作业场所，如库房、实验室、锅炉房等。

二、单项选择题

1.（　　）是指生产部所有人员通过努力创造良好的工作环境及工作机会，不断提高生产效率、提高产品质量、提高员工士气、降低成本以及保证交货期和安全生产的结果和行为。

A. 生产管理　　　　B. 生产计划

C. 生产管理绩效　　　　D. 生产管理目标

2. 企业效益的好坏在很大程度上取决于（　　）的高低。

A. 利润　　　　B. 相对成本

C. 绝对成本　　　　D. 质量

3. 在市场竞争中，（　　）管理的好坏是直接影响客户进行商业活动的关键。

A. 效率　　　　B. 品质

C. 利润　　　　D. 交货期

4.（　　）是生产过程的基本环节，也是生产组织的基本单位。

A. 工序　　　　B. 计划

C. 生产　　　　D. 过程

5.（　　）是指劳动对象按照一定的工艺过程，顺序地、一件接一件地通过各个工作地，并按照统一的生产速度和路线，完成工序作业的生产过程组织形式。

A. 流水线　　　　B. 成组技术

C. 柔性单元作业　　　　D. 自动化

6.（　　）就是用批量的生产技术和专业化方法组织多品种生产，提高多品种小批量条件下的生产效率。

A. 流水线　　　　B. 成组技术

C. 柔性单元作业　　　　D. 自动化

7.（　　）是以数控机床或数控加工中心为主体，依靠有效的成组作业计划，利用机器人和自动运输小车实现工件和刀具的传递、装卸及加工过程的全部自动化和一体化的生产组织。

A. 流水线　　　　　　B. 成组技术

C. 柔性单元作业　　　　　　D. 自动化

8.（　）是生产第一线的综合管理，是生产管理的重要内容，也是生产系统合理布置的补充和深入。

A. 生产管理　　　　　　B. 现场管理

C. 计划管理　　　　　　D. 目标管理

9. 在生产管理中，6S 指的是整理、整顿、清扫、清洁、素养与安全，在 6S 里面最强调（　）。

A. 整顿　　　　　　B. 清洁

C. 素养　　　　　　D. 安全

三、多项选择题

1. 一般来讲，生产过程组织包括（　）两项基本内容。

A. 空间组织　　　　　　B. 时间组织

C. 计划组织　　　　　　D. 成本组织

2. 生产过程时间组织的三种移动方式是（　）。

A. 顺序移动　　　　　　B. 平行移动

C. 顺时移动　　　　　　D. 平行顺序移动

3. 生产过程中的各种劳动按照作用或性质，可分为（　）。

A. 生产技术准备过程　　　　　　B. 基本生产过程

C. 辅助生产过程　　　　　　D. 生产服务过程

4. 目前，企业较多采用的生产组织形式有（　）。

A. 流水线　　　　　　B. 成组技术

C. 自动化技术　　　　　　D. 柔性生产单元

5. 生产现场管理的手段有（　）。

A. 计划管理　　　　　　B. 标准化管理

C. 目视管理　　　　　　　　　　　　D. 看板管理

四、简答题

1. 简述生产管理的主要任务。

2. 简述生产管理绩效的主要内容。

3. 简述生产过程组织目标的具体要求。

4. 简述生产现场管理的基本内容。

5. 简述现场问题解决方法的基本步骤。

五、判断题

1. 企业要想在激烈的市场竞争中站稳脚跟、实现长足发展，就必须想尽办法降低成本。　　（　　）

2. 生产管理的主要任务按管理的职能来划分，大体上可分为计划、实施、

监控、反馈四个方面。（　　）

3. 生产过程各环节之间时间衔接越紧密，就越能缩短生产周期，从而提高生产效率，降低生产成本。（　　）

4. 办公设备是工人使用劳动工具对劳动对象进行生产活动的场所，是一定工作面积或空间和机器设备的总称。（　　）

5. 目视管理是管理可视化的一种表现形式，是发现问题、解决问题非常有效且直观的手段，是优秀的现场管理必不可少的工具之一。（　　）

六、案例分析题

超级食品有限公司是一家生产麦片类饮料的企业，随着麦片市场竞争日益加剧，公司逐步引入了咖啡类和固体类饮料的产品，完善了自身的产品结构。

随着公司产品组合的宽度、长度及深度的不断扩大，以前公司在生产与运作管理上"轻易解决"的问题，如今却成为难题。首先是生产安排上出现了问题，有时成品来不及做，而仓库催促要发货；有时入库成品仓库拒绝接收，原因是仓库中该类货品太多，没有多余库位。其次是采购管理上出现了问题，经常有紧急订单催供应商交货，而有的物料却几个月甚至数年不动。最后是在物流上出现了问题，公司管理层经常收到销售部门的投诉，称由于运力不足或是运输网络覆盖不到，使得好不容易到手的生意无法做成等。以上这些问题一而再、再而三地出现，引起了公司管理层的高度重视，

在研究会议上，公司销售总监对公司的生产运作表达了不满："我们的客户——几家大的连锁超市反馈回来的信息表明，我们的夏季主打产品——超级鲜橙粉袋装和经济装全面断货，客户对此非常不满意。甚至问我们的销售人员，我们公司是否想撤出这两种产品，如果是，那么赶快腾出地方给其他公司的产品。有的客户还以嘲弄的口吻说，你们超级食品公司很奇怪，冬季咖啡卖得好的时候，你们的超级咖啡礼盒断货；夏季饮料卖得好的时候，现在鲜橙粉系列产品又断货了。我也从物流、仓库、生产部等几个部门做了一点初步的调查，据说是有一种原料缺货。我想再一次地呼吁各部门大力协助销售部的工作，否则今年的销售指标很难完成！"

销售总监的话彻底暴露出了公司在生产管理和运作上的一系列问题，这些问题如果不及时解决，将进一步加重企业的运作困难。总经理要求，各部门现场办公，针对以上问题进行一一解决。

问题：

1. 根据上述资料和信息，请总结超级食品有限公司在生产管理中存在的问题。

2. 如果你是超级食品有限公司的总经理，请对此提出整改意见。

第二节　企业质量管理

一、填空题

1. ______是企业生存和发展的第一要素，反映了一个企业的综合实力。

2. 在开发、生产一个产品时，产品的质量控制在一个什么样的档次上，与产品质量数据的一般性统计描述定位有关，叫作______。

3. 质量管理体系是指在质量方面______和______组织的管理体系，是组织内部建立的、为实现质量目标所必需的、系统的质量管理模式，是组织的一项战略决策。

4. 全面质量管理是指一个组织以____为中心，以__________为基础，目的在于通过客户满意和本组织所有成员及社会受益而达到长期成功的管理途径。

5. 我国自 1978 年以来推行全面质量控制，形成了________________________“三管齐下”的状态，确保了产品质量的总体水平。

6. 美国统计学家戴明发明的 PDCA 管理循环是全面质量管理最基本的工作程序，主要工作步骤是____________。

7. 客户完全满意是倡导一种__________的文化，它要求超越客户的期望，适应客户需求变化，利用需求变化和改变（或引导）需求变化，使企业成为市场竞争的赢家。

8. 产品质量认证是指法定认证机构依据具有国际先进水平的________和_______，经过独立评审，对于符合条件的产品，颁发认证证书和认证标志，从而证明某一产品达到相应标准的制度。

9. 安全认证是对产品在生产、储运、使用过程中是否具备保证人身安全与避免环境遭受危害等基本性能的认证，属于_______。

10. 目前，我国的认证标志主要有 3 种：适用于______的专用认证标志——长城标志，适用于__________的专用认证标志——PRC 标志，以及适用于______的认证标志——QS 标志。

二、单项选择题

1.（　　）是指产品的实际使用功能或适用性，即能够满足用户需要的各种性能或特征。

A. 包装　　B. 特性

C. 质量　　D. 功效

2.（　　）的质量管理是全面质量管理的首要环节，包括市场调查、产品设计、工艺准备、试制和鉴定等过程。

A. 制造过程　　B. 设计过程

C. 辅助过程　　D. 使用过程

3.（　　）是指对产品直接进行加工的过程，它是产品质量形成的基础，是企业质量管理的基本环节。

A. 制造过程　　B. 设计过程

C. 辅助过程　　D. 使用过程

4.（　　）是指为保证制造过程正常进行而提供各种物资技术条件的过程，

它包括物资采购供应、动力生产、设备维修、工具制造、仓库保管、运输服务等。

A. 制造过程　　B. 设计过程

C. 辅助过程　　D. 使用过程

5. (　　) 是考验产品实际质量的过程，这一过程质量管理的基本任务是提高服务质量，保证产品的实际使用效果，不断推动企业研究和改进产品质量。

A. 制造过程　　B. 设计过程

C. 辅助过程　　D. 使用过程

6. (　　) 是认证检验机构对产品质量进行检验、评定所依据的标准和相应的技术要求。

A. 产品质量认证　　B. 产品技术标准

C. 产品技术规范　　D. 产品质量要求

7. 合格认证是依据产品标准的要求，对产品的全部性能进行的综合性质量认证，一般属于 (　　)。

A. 强制性认证　　B. 自愿性认证

C. 一般性认证　　D. 特殊性认证

8. (　　) 是目前世界上最大的国际标准化组织。

A. WTO　　B. IEC

C. ISO　　D. APEC

9. 我国的国家标准是采用等同于现行的 ISO 9000：2000 标准，编号为 (　　) 系列，其技术内容和编写方法与 ISO 9000 系列相同。

A. ISO 2000　　B. ISO 2008

C. GB/T 19000—2008　　D. GB/T 19000—2000

10. (　　) 又称为部颁标准，由国务院有关行政主管部门制定并报国务院标准行政主管部门备案。

A. 国家标准　　B. 行业标准

C. 企业标准　　D. 社会标准

三、多项选择题

1. 现代关于质量管理的特性包括对（　　）三方面的认识。

A. 标准性　　B. 社会性

C. 经济性　　D. 系统性

2. 一般来讲，全面质量管理有全面性、全员性和（　　）等显著特点。

A. 科学性　　B. 预防性

C. 服务性　　D. 必要性

3. 全面质量管理的核心特征是（　　）。

A. 全方位监督的质量管理　　B. 全员参与的质量管理

C. 全过程的质量管理　　D. 全面的质量管理

4. 产品质量认证分为（　　）。

A. 强制性认证　　B. 安全认证

C. 自愿性认证　　D. 合格认证

5. 完整的产品质量标准包括（　　）两个方面。

A. 技术标准　　B. 国家标准

C. 行业标准　　D. 管理标准

四、简答题

1. 简述质量管理的意义。

2. 简述全面质量管理的内容。

3. 简述全面质量管理的工作程序。

4. 简述产品质量认证与质量管理体系认证的区别。

5. 简述全面质量管理领域新思想的主要内容。

五、判断题

1. 质量只要满足客户的需要，社会的需要可有可无。（　　）

2. 产品质量越高，价值就越大。（　　）

3. 当今世界经济的竞争，很大程度上取决于一个国家的产品质量和服务质量。（　　）

4. 全面质量管理要求企业管理人员要树立质量意识，企业员工只要遵守工作纪律、完成工作任务即可。（　　）

5. 我国现行的产品质量标准，从标准的适用范围和领域来看，主要包括国际标准和国家标准。（　　）

六、案例分析题

创立于 1837 年的宝洁公司，是全世界最大的日用消费品公司之一，同时也是财富 500 强中第十大最受赞誉的公司。

“质量是企业的生命”这句话已经成为现代企业的共识。而宝洁公司不仅仅将其作为企业运作的原则，更是将其作为深入了解消费者对质量需求及进行其他企业行为的基本动力。它不只是方法论，更是一种行事态度。

宝洁公司坚持以质量为中心，全体员工以及有关部门积极参与，把专业技术、经营管理、数理统计和思想教育结合起来，建立起产品的研究、设计、生产、服务等全过程的质量管理体系，从而有效地利用人力、物力、财力、信息等资源，以最经济的手段生产出客户满意的产品，使组织、全体成员及社会受益，从而使企业获得长期成功和发展。

宝洁公司很注重质量培训，把它视为实施全员质量管理的前提之一。宝洁公司由质量管理部门提出员工分层培训计划，根据岗位需求对员工进行必要的质量培训，并对培训的有效性进行评价。而设立于 1991 年的宝洁学院，正是为实现全员质量管理这一宗旨服务的。这些都为宝洁公司的全面质量管理实施提供了良好的人员准备。宝洁公司还通过制定各部门、各级、各类人员的质量责任制，让员工明确了自己的工作职责和权限，大家各司其职，密切配合，形成了一个高效、协调、严密的质量管理工作系统。

宝洁公司要求员工在处理业务时遵守法律的规定，在采取每个行动、作出每一个决定时，始终坚持公司的价值观与原则，以求真的态度并以数字为依据来提出建议及确认风险，始终努力去做正确的事。用数据说话，树立了宝洁公司科学的工作作风，把质量管理建立在了科学的基础上。

在宝洁公司，任何活动都在遵循计划（P）、执行（D）、检查（C）、处理（A）的工作程序，质量管理当然也不例外，这是宝洁公司赢的哲学中最基本的原则。宝洁公司始终强调应该以提供高质量的产品作为出发点，并且将产品质量作为品牌的核心，坚持质量第一，把客户的需要放在第一位，树立为客户服务、对客户负责的思想。在质量管理方面，宝洁公司可谓成功的典范。

问题：

1. 请你归纳宝洁公司成功的经验。

2. 结合全面质量管理领域新思想的内容，谈谈你对使用过的某一种宝洁产品的印象。

第五章　现代企业战略和决策

第一节　现代企业战略管理

一、填空题

1. 企业战略是指企业在市场经济条件下，为求得生存和发展，根据______、本身的资源和______选择适合的经营领域和产品，形成自己的______，并通过差异化取胜所进行的总体性、指导性谋划。

2. 发展战略理论是关于企业如何发展的战略理论体系，它有一个系统的发展战略框架，即______、______、______和______。

3. ______是指企业从目前的战略经营领域和基础水平收缩和撤退，且偏离起点战略较大的一种经营战略。

4. 企业战略属于宏观管理范畴，具有指导性、______、长远性、______、系统性、______六大主要特征。

5. 企业战略是一个体系，它由企业的______和各方面的______构成。

6. 企业文化战略旨在培育员工的______，建立______，塑造______，增强凝聚力。

7. 企业战略管理是企业对______作出决策，并通过______、______和控制等职能，保证发展方向得到有力贯彻的一系列管理工作。

8. 战略管理要将企业视为一个整体来处理，要强调______最优，而不是______最优。

9. 企业战略管理的过程是对______的一个______管理过程。

10. 战略分析的主要目的是评价影响企业目前和今后发展的关键因素，并分析在战略选择步骤中的具体影响因素。战略分析主要包括三个方面：______、______和内部条件分析。

二、单项选择题

1. 企业战略由决策层战略、事业单位战略、职能部门战略三个层级构成一体，反映了企业战略的（　　）。

A. 系统性　　B. 竞争性

C. 方向性　　D. 长远性

2. 兼顾企业短期利益和长远发展，确立远景目标，这体现了企业战略的（　　）。

A. 指导性　　B. 全局性

C. 长远性　　D. 竞争性

3. 在企业总体战略的指导下，对企业的某一方面（如职能、事业、地区等）的发展及其相应的目标与对策进行谋划而制定的战略是（　　）。

A. 目标战略　　B. 对策战略

C. 企业总战略　　D. 企业分战略

4. 通过强化技术开发和推广，坚持引进国外先进技术与自主研发相结合，加快科技成果商品化、产业化进程的战略是（　　）。

A. 市场战略　　B. 技术发展战略

C. 产品战略　　D. 人才战略

5. 决定企业资金的合理分配和有效利用，规定企业资金投入方向及数额的战略是（　　）。

A. 技术发展战略　　B. 人才战略

C. 投资战略　　D. 竞争战略

6. 企业战略管理的主要职能之一就是实现合理的（　　），使其在各经营业务之间协调运用，从而取得更好的经营效果。

A. 经济投入　　B. 物资投入

C. 资源投入　　D. 人员投入

7. 来自环境的影响在很大程度上会影响企业的经营目标和发展方向，战略的制定一定要注重企业与其所处外部环境的互动性，这体现了企业战略管理原则中的（　　）。

A. 反馈修正原则　　B. 整体最优原则

C. 全程管理原则　　D. 适应环境原则

三、多项选择题

1. 按照企业产品参与市场竞争的程度分类，企业总体战略包括（　　）。

A. 单一产品战略　　B. 主导产品战略

C. 守势战略　　D. 多种经营战略

2. 面对竞争，企业战略需要进行内外环境分析，明确自身的资源优势，通过设计适合的经营模式，形成特色经营，才能增强企业的（　　）。

A. 硬件设施　　B. 对抗性

C. 战斗力　　D. 软件设施

3. 企业战略管理是一个动态过程，必须依据企业外部环境与内部条件的变化，制定战略，实施战略，并根据执行情况（　　）来调整、制定新战略。

A. 分析　　B. 控制

C. 评价　　D. 反馈

4. 企业的战略方案确定后，必须通过具体化的实际行动，才能实现战略目标。推进战略的实施包括（　　）。

A. 制定职能策略

B. 构建企业的组织结构

C. 选择适合的企业高层管理者来贯彻

D. 建立高效的信息反馈体系

四、简答题

1. 简要说明企业战略管理应遵循的原则。

2. 简述企业战略的系统性特征所包含的内容。

3. 企业总体战略和企业分战略分别指什么？

4. 企业进行战略分析应包括哪些因素？

5. 简述企业战略管理的意义。

五、判断题

1. 企业战略的竞争性是指企业战略立足于未来，通过对经营环境的深入分析，结合自身资源，对企业的远景进行全面的规划。（　　）

2. 企业战略在企业经营管理活动中具有导向的作用。（　　）

3. 企业战略管理是领导层的工作，与普通员工关系不大。（　　）

4. 企业战略为企业发展规划了蓝图，因此战略方案一旦确定，就不能轻易修改。（　　）

第二节　现代企业决策管理

一、填空题

1. 企业决策是由企业作出的旨在增强______________、提高______________的有关生产经营活动方面的决策。

2. 追求______________是企业的根本目标，企业的一切决策方案都直接或间接地与___________有关。

3. 决策主体有时以________________出现，有时以团体的形式出现，团体形成的决策也称______________。

4. 所谓可行性方案就是实现决策目标的方法与途径。评价、选择方案的原则是______________或______________。

5. 信息是决策的依据，信息包括______________和______________。

6. 战略决策是解决全局性、长远性重大问题的决策，一般多由____________作出。

7. 组织中的中层管理者，为了保证总体战略目标的实现而作出的旨在解决组织局部重要问题的决策称为______________。

8. 根据决策目标的数量，企业决策可分为______________和______________。

9. 决策管理是______________、分析问题和______________的完整动态过程。

10. 产品销售决策主要是为了完成___________，对如何开发市场、_________和_________等进行决策。

二、单项选择题

1. 正确的目标作为评价和监测整个决策行动的准则，不断地影响、调整和控制着决策活动的过程，所以科学经营决策的前提是（　）。

A. 确定行动目标　　　　　　　　B. 确定行动方向

C. 确定决策目标　　　　　　　D. 确定决策方案

2. 把系统学、运筹学、计算机科学等综合运用于管理决策问题，形成的一门有关决策过程、准则、类型及方法的较完整的理论体系是（　　）。

A. 决策理论　　　　　　　B. 决策方法

C. 决策目标　　　　　　　D. 决策方案

3. 由高层决策者作出，解决全局性、长远性、战略性重大问题的决策是（　　）。

A. 战略决策　　　　　　　B. 管理决策

C. 业务决策　　　　　　　D. 销售决策

4. 生产任务的分派、作业计划的制订、物资采购、库存控制等问题的解决是（　　）。

A. 战略决策　　　　　　　B. 管理决策

C. 个人决策　　　　　　　D. 业务决策

5. 为了完成销售目标，对如何开发市场、占领市场和扩大市场等进行的决策是（　　）。

A. 生产技术决策　　　　　B. 物资供应决策

C. 产品销售决策　　　　　D. 财物决策

6. 企业是自主经营、独立核算的经济组织，它有权根据国家政策法规和市场环境的变化以及企业拥有的内部条件，独立自主地决定生产什么产品及如何生产、何时生产、生产多少等经营问题，这反映了企业的（　　）特征。

A. 自主性　　　　　　　　B. 营利性

C. 开放性　　　　　　　　D. 管理性

7. 现在的决策理论是把（　　）、运筹学、计算机科学等综合运用于管理决策问题，形成的一门有关决策过程、准则、类型及方法的较完整的理论体系。

A. 数学　　　　　　　　　B. 管理学

C. 系统学　　　　　　　　D. 工程学

8. 在作出最终决策之前，对每一个备选方案的实施结果进行客观、公正的（　　），这既是保证决策科学化的重要前提，也是方案择优的最终依据。

A. 预测和筛选　　　　　　　B. 分类和筛选

C. 评价和筛选　　　　　　　D. 预测和评价

9.（　　）是指对企业日常生产经营活动中经常出现的问题所作的决策。

A. 程序化决策　　　　　　　B. 非程序化决策

C. 管理决策　　　　　　　　D. 业务决策

10.（　　）是指决策机构的主要领导成员通过个人决定的方式，按照个人的判断力、知识、经验和意志所作出的决策。

A. 单目标决策　　　　　　　B. 多目标决策

C. 个人决策　　　　　　　　D. 群体决策

三、多项选择题

1. 按照企业决策的重要程度，决策可分为（　　）。

A. 企业战略决策　　　　　　B. 企业管理决策

C. 企业业务决策　　　　　　D. 企业分析决策

2. 下列决策行为属于程序化决策的有（　　）。

A. 突发性问题的解决

B. 生产作业计划的制订

C. 订货程序

D. 工资发放

3. 按照决策目标的数量，决策可分为（　　）。

A. 单目标决策　　　　　　　B. 多目标决策

C. 个人决策　　　　　　　　D. 群体决策

4. 下列属于生产技术决策范畴的有（　　）。

A. 老产品改进　　　　　　　B. 新产品研制

C. 设备更新改造　　　　　　D. 生产指挥

5. 财务决策除包括资金筹措和使用两方面的问题外，还包括（　　）。

A. 劳动报酬标准　　　　　　B. 分配方法的制定

C. 利润的分配　　　　　　　D. 股息的确定

四、简答题

1. 简述企业决策管理的范围。

2. 简要说明企业决策管理的程序。

3. 简要说明企业决策管理程序中判断问题的步骤。

4. 企业决策的要素主要有哪些?

5. 企业程序化决策主要包括哪些内容?

五、判断题

1. 没有目的或目标，就谈不上决策。 ( )

2. 企业战略决策是为了解决日常工作中的业务问题、提高工作效率和经济利益所作出的决策。 ( )

3. 个人决策也称为独裁决策，所以应该坚决反对。 ( )

4. 企业决策管理是对企业生产经营的决策过程进行管理的活动。（　）

六、案例分析题

某建筑卫生陶瓷厂是一家国有中型企业，由于种种原因，濒临倒闭。新厂长上任后，面对严峻的局面，认真分析了厂情，先从人事制度改革入手，并在全厂推行了“一厂多制”的经营方式：对生产主导产品的一、二分厂，采取统一计划、统一采购、统一销售、统一财务的管理方法；对墙地砖分厂实行股份制改造；对特种耐火材料分厂实行租赁承包。

根据市场需求调查结果，厂长决定着手调整生产规模和布局。对此，有人主张贷款上大项目，有人建议再建一条大规模的辊道窑生产线。厂长根据职工代表大会的建议，果断决定将生产成本高、劳动强度大、产品质量差的 86 米明焰煤烧隧道窑拆掉，建成 98 米隔焰煤烧隧道，并对一分厂的两条老窑进行了技术改造，结果仅花费不足 200 万元，便使其生产能力提高了一倍。企业很快走出了困境，步入正常发展轨道。

问题：新厂长上任后的决策属于哪一类决策？这些决策管理包括了哪些方面的内容？

第六章　现代企业文化和企业形象

第一节　现代企业文化

一、填空题

1. ________是指企业全体员工在长期的创业和发展过程中所培育形成的，并共同遵守的最高目标、价值标准、基本信念及行为规范。

2. 企业文化的功能就是要使其成为增强________和适应________的能力。

3. 企业的重要目标之一是追求______最大化和______最大化。

4. 企业文化可以起到凝聚力量、增强信心、鼓舞士气的作用，使企业全体成员自觉地与企业共兴衰、同荣辱，组成一个________。

5. 将现代企业文化转化为生产力，转化为________和________，既是现代企业文化本质的要求，也是现代企业科学管理和科学发展的需要。

6. 现代企业文化建设必须实行__________，企业中的每个人都需要参与进来。

7. 企业决策及管理者应是企业文化主旨的____________，他们的文化素养对企业文化建设起着决定性作用。

8. ___________是企业文化建设中顺应全球经济一体化发展的必然要求。

9. 团队精神是指团队成员为了团队利益和目标，尽心尽力的意愿和作风，是将________与________相统一，从而实现组织高效率运作的理想工作状态。

二、单项选择题

1. 企业文化分为四个层面，第一层是理念层，又叫（　　），包括企业价值观、企业精神、企业道德、企业使命和企业远景等。

A. 制度文化　　　　B. 精神文化

C. 物质文化　　　　D. 行为文化

2. 现代企业文化建设的核心是（ ）。

A. 企业形象建设　　B. 企业标识建设

C. 企业环境建设　　D. 人的思想建设

3. 开放的企业必须适应开放的市场，开放的市场必然注入（ ）的元素。

A. 多元文化　　B. 传统文化

C. 保守文化　　D. 战略文化

4.（ ）是企业文化的灵魂，也是企业主要经营者的精神状态和意志的体现，更是全体成员在企业管理中集体精神的结晶。

A. 企业宗旨　　B. 企业使命

C. 企业目标　　D. 企业精神

5. 敬业精神也就是我们常常提倡的（ ），具体表现为工作积极认真，有责任感，具有基本的职业道德。

A. 忘我精神　　B. 无私奉献精神

C. 主人翁精神　　D. 助人为乐精神

6. 企业的（ ）是企业处理各种情况所坚持的最为根本的态度与原则。

A. 核心价值观　　B. 根本宗旨

C. 规章制度　　D. 实际盈利

7. 职业技能包括与特定操作岗位相关的专业技能和（ ）的技能。

A. 人际交往　　B. 解决问题

C. 文字撰写　　D. 口头表达

三、多项选择题

1. 从企业的个性意识及内涵来讲，企业文化包括（ ）等方面。

A. 使命　　B. 标识

C. 愿景　　D. 价值观

2. 从企业的文化结构来讲，企业文化又分为（ ）等层面。

A. 理念层　　B. 制度层

C. 行为层　　D. 物质层

3. 一般来说，企业核心竞争力的三大要素是（　　）。

A. 产品技术开发　　B. 企业品牌的形成

C. 企业软硬件条件　　D. 企业文化的构建

4. 企业文化对员工的思想、心理和行为具有约束和规范作用，这种约束源于（　　）。

A. 法律法规　　B. 企业文化氛围

C. 群体行为准则　　D. 道德规范

5. 新员工理解企业所承载的使命，并将这种使命与自身的工作相结合，就应该努力（　　）。

A. 学习职业道德榜样　　B. 培养敬业精神

C. 提高职业技能　　D. 谨慎行事

四、简答题

1. 简述企业文化的定义及其特征。

2. 简述现代企业文化建设的以人为本原则。

3. 简述企业文化的作用。

4. 简述企业文化建设的形式。

5. 简述新员工适应企业文化的方法。

五、判断题

1. 企业形象作为企业文化的外显形态，只能够提高企业品牌竞争力，不能提高企业管理水平。（　　）

2. 一个企业要稳定、健康、持久、协调地向前发展，主要是管理层的决策。（　　）

3. 优秀的企业文化不仅在企业内部发挥作用，对本企业员工产生影响，而且也会通过各种信息交流渠道对社会产生影响。（　　）

4. 企业与企业间，只有竞争，没有共赢。（　　）

六、案例分析题

李锦记公司创建于 1888 年，它凭借严格的品质管理和强大的市场拓展能力，迅速建立起一个蜚声海内外的酱料王国，畅销产品达 60 余种，分销网络遍布世界五大洲 100 多个国家和地区。

走进任何一家李锦记分公司，都会发现员工桌面上的计算机显示器全是液晶的，因为液晶显示器没有辐射，不伤眼睛，还能节省办公空间，提高工作效率。所以公司在 2003 年决定，把原来的普通显示器全部换成液晶产品。由于当时液晶产品还没有大规模上市，需要逐步买来更换。那么，先给谁换呢？是老板、总公司员工、还是一线人员？

按照一般企业习惯，会按照老板、管理层、员工的顺序进行。但是，李锦记公司认为：优质的客户来自优秀的员工，一切销售目标都是靠前线销售队伍完成的。所以，第一批液晶显示器给了业务部输单组，这些最一线的员工需要每天对着计算机工作，还经常加班加点；第二批更换显示器的是各地分公司员工，他们直接面对市场、消费者和业务伙伴；第三批更换的才是老板和总公司员工。

问题：

1. 李锦记公司的做法反映出了什么样的企业文化观念？

2. 从李锦记公司的成功经验可以得到哪些有益启示？

第二节　现代企业形象

一、填空题

1. ＿＿＿＿＿是指人们通过企业的各种标志（如产品特点、行销策略、包装风格等）而建立起来的对企业的总体印象，是企业文化建设的核心。

2. 内在形象主要是指＿＿＿＿＿＿＿＿＿＿＿＿＿等看不见、摸不着的部分，是企业形象的核心部分。

3. 外在形象是指企业的名称、商标、广告、厂房、厂歌、产品外观和包装、典礼仪式、公开活动等看得见或听得到的部分，是内在形象的＿＿＿＿。

4. 实态形象又称客观形象，是指企业＿＿＿＿＿＿＿＿，它是不以人的意志为转移的客观存在。

5. 虚态形象是用户、供应商、合作伙伴、内部员工等企业关系者对企业整体的主观印象，是实态形象通过传播媒体等渠道产生的＿＿＿。

6. 对于企业来说，一方面要努力扩大＿＿＿，另一方面又要努力避免或消除＿＿＿，两方面同等重要。

7. 根据公众获取企业信息的媒介渠道来划分，企业形象分为＿＿＿＿＿＿和＿＿＿＿＿＿＿。

8. 根据公众对企业形象因素的关注程度来划分，企业形象由＿＿＿＿＿＿

和＿＿＿＿＿＿共同组成，两者在一定条件下能够与主导形象实现相互转化。

9. ＿＿＿＿＿＿是一种超越传统观念的企业形象整体战略，是企业总体战略的一个重要组成部分。

10. CIS 是＿＿＿＿＿的英文缩写，它包括理念识别、行为识别、视觉识别三个部分。

二、单项选择题

1. 企业形象是企业内外对企业的整体感觉、印象和认知，是企业状况的（　　）。

A. 总体印象　　B. 综合反映

C. 一般印象　　D. 个别反映

2. 质量、服务属于企业形象构成要素的（　　）。

A. 产品形象　　B. 组织形象

C. 文化形象　　D. 环境形象

3. 体制、程序、流程等属于企业形象构成要素的（　　）。

A. 产品形象　　B. 组织形象

C. 文化形象　　D. 环境形象

4. 公众舆论属于企业形象构成要素的（　　）。

A. 组织形象　　B. 文化形象

C. 社区形象　　D. 环境形象

5. 在企业形象战略中，MI、BI、VI 分别是（　　）的缩写。

A. 企业的行为识别、企业的形象识别、企业的视觉识别

B. 企业的理念识别、企业的形象识别、企业的视觉识别

C. 企业的视觉识别、企业的形象识别、企业的理念识别

D. 企业的理念识别、企业的行为识别、企业的视觉识别

三、多项选择题

1. 企业形象的三大构成要素是（　　）。

A. 主体性　　B. 客体性

C. 综合性　　D. 外在性

2. 企业形象是企业内在的各种文化信息所形成的（　　）的综合体现，能够给企业发展带来不可限量的影响。

A. 凝聚力　　B. 创造力

C. 吸引力　　D. 竞争力

3. 企业形象战略通过对（　　）的协调统合，增强企业的向心力和凝聚力，建立起鲜明统一的企业形象，为企业的未来发展创造整体竞争优势。

A. 企业的理念识别　　B. 企业的行为识别

C. 企业的环境识别　　D. 企业的视觉识别

4. 下列选项中，属于企业形象识别系统内容的是（　　）。

A. 产品形象系列　　B. 基础形象系列

C. 广告系列　　D. 应用系列

5. 企业形象可分为（　　）。

A. 内部形象和外部形象　　B. 一般形象和特殊形象

C. 实态形象和虚态形象　　D. 内在形象和外在形象

四、简答题

1. 简述企业形象的构成要素。

2. 简述企业形象的作用。

3. 简述企业形象战略的主要内容。

4. 简述企业形象战略的作用。

5. 简述企业形象设计的作业流程。

五、判断题

1. 企业形象能否真实反映企业的精神文化，以及能否被社会各界和公众舆论所理解和接受，在很大程度上取决于企业有无进行广泛的宣传。（ ）

2. 企业塑造一个良好的公众形象需要很长甚至数十年的时间，而企业形象的坍塌却可能是一瞬间的。（ ）

3. 企业形象战略的导入会引起一定的企业经营观念和管理手段的变化，全面地改善企业体制主要还是管理层的决策。（ ）

4. 企业形象设计规划与实施导入是一种大刀阔斧式改革的作业。（ ）

5. 企业形象是产品成为名牌的基础，要创立名牌产品必须先进行大范围的广告宣传。（ ）

六、实训题

收集 2 ~ 3 个你感兴趣的企业形象标识，并从其设计主题、设计结构、识别与传播效果等方面进行说明，简要概况出该标识对企业发展的作用。